Published by Par Cœur Press
PO Box 1064 Rozelle NSW 2039
www.parcoeurpress.com

First published by Par Cœur Press, 2013

10 9 8 7 6 5 4 3 2 1
Text and images copyright © Pia Jane Bijkerk 2013

Designed by Pia Jane Bijkerk and Vivien Valk © Par Cœur Press
Photography by Pia Jane Bijkerk © Par Cœur Press
Editing by Amanda Carmen Cromer

Colour reproduction by Graphic Print Group, Adelaide.
Printed by Printgraphics in Melbourne, Australia.

This book is printed on 100% post-consumer waste paper using vegetable-based inks using ISO 14001 environmental management systems.

ISBN: 978-0-646-59312-8

# Petits Trésors:
## LITTLE TREASURES: MADE BY HAND
### faits à la main

Pia Jane Bijkerk

Par Cœur Press

# contents

*table des matières*

# introduction

On Valentine's Day 2012 I gave birth to a gorgeous and spirited baby girl. My partner Romain and I named her Laly.

Laly is half French, half Australian – and from the moment we announced her arrival, parcels began to turn up on our doorstep. These packages were filled with the most beautiful, handmade *petits* treasures: from France came embroidered bibs and quilted play mats, knitted cardigans and crocheted toys; and from friends in Australia came tiny felted slippers and the sweetest dresses and blankets. There was a handcrafted jewellery box that plays one of my favourite French tunes, *"Ballade pour Adeline"*, and a tiny bear with cleverly crafted, movable limbs. My dear friend Zoë created a cross-stitch name sampler with Laly's full name, date of birth and symbols representing her European heritage.

As I unwrapped each tiny object, my heart flooded with gratitude, warmth and love. There was so much thought put into each unique piece. The handmade gifts kept coming, and Laly's world is now filled with little treasures made by hand. I wanted to thank each gift giver personally, to give them each a long, loving hug. But having been thrust into the world of being a new mum, learning all there was to know about this new being in my life, all I had time for was a simple email – and it just didn't seem enough, considering the immense effort in each handmade treasure.

Then one night, while feeding Laly in the wee hours of darkness, this book you are now holding in your hands appeared, clear and bright, in my mind. I thought, *Yes, this would be the most wonderful way to say thank you* ... I imagined the photographs I could take of each object, and how I could write a little about each person who gave so generously. I thought it could not only become a delightful collection of Laly's first tiny treasures, but also a lovely gift for other new mums who adore all things made by hand, with some simple how-tos for anyone wanting to make their own treasures too.

So here it is. *Little Treasures: Made by Hand* – in both French and English, since they are the languages spoken in our home. I do hope you enjoy this very special, limited-edition book.

*Pia Jane Bijkerk*
*Sydney, 2013*

*introduction*

Le jour de la Saint-Valentin 2012, j'ai donné naissance à une jolie petite fille pleine de vie. Avec mon conjoint, Romain, nous l'avons prénommée Laly.

Laly est franco-australienne. Dès l'annonce de son arrivée prochaine, des colis apparurent à notre porte, emplis de beaux petits trésors faits à la main. De France arrivèrent des bavettes brodées et des tapis de jeux matelassés, des gilets tricotés et des jouets au crochet ; de nos amis d'Australie arrivèrent des chaussons en feutre et les plus ravissantes robes au crochet et autres couvertures. On nous envoya également une boîte à bijoux, faite à la main, qui joue l'un de mes morceaux français préférés, « Ballade pour Adeline », ainsi qu'un tout petit ours dont les pattes sont mobiles grâce à un mécanisme ingénieux. Mon amie Zoë fabriqua un abécédaire magnifique, avec le nom complet de Laly, sa date de naissance et des symboles représentant son origine européenne.

Alors que je déballais chacun de ces petits objets, mon cœur se remplit de gratitude, de chaleur et d'amour. On avait porté tant d'attention à la confection de chacune de ces pièces uniques ! S'en suivirent de nombreux cadeaux faits à la main, et désormais le monde de Laly est rempli de ces petits trésors. Je voulais remercier tous ceux qui avaient envoyé ces cadeaux et embrasser chacun d'entre eux. Mais, propulsée dans la maternité, avec son lot de choses à apprendre, je n'eus le temps que pour un simple courriel, ce qui me semble proprement ridicule comparé à l'énorme effort qu'a représenté la fabrication de chaque cadeau.

Une nuit, alors que j'allaitais Laly aux petites heures de la nuit, l'idée de ce livre m'est venue, *claire et lumineuse*. Je me suis dit, « ce serait la plus belle façon de dire merci ». J'imaginai les photos que je pourrais prendre de chaque objet, et les quelques mots que j'écrirais à propos de chaque personne qui nous a si généreusement envoyé un cadeau. Je me suis dit qu'il pourrait s'agir non seulement d'un délicieux catalogue des premiers petits trésors de Laly, mais aussi d'un beau cadeau pour d'autres mamans qui adorent les objets faits à la main, agrémenté de simples recettes pour fabriquer leurs propres trésors.

*Le voilà donc :* Petits trésors : faits à la main. Nous l'avons publié en français et en anglais, car ce sont les langues que nous parlons à la maison. J'espère que vous apprécierez ce livre très particulier édité en édition limitée.

Pia Jane Bijkerk
Sydney, 2013

9

# a nourishing note

*une note nourrissante*

I've discovered that quiet moments are hard to come by when you're a brand-new mum. But when I do get the chance to take time out for myself, to nurture my creativity – whether that means reading a book, a blog or making something by hand – I always mark these moments with something delicious and nourishing, which is more often than not a perfectly brewed pot of tea, and a delicately sweet little something. On the few pages following, you'll find two of my favourite recipes – shared by two dear friends – recipes that I hope you will take the time to make and enjoy for your own quiet moments while reading the rest of this book.

*J'ai découvert que les moments de tranquillité sont rares quand vous êtes jeune maman. Mais quand il m'arrive de prendre un peu de temps pour moi, que je bouquine, lise un blog ou m'attelle à une nouvelle création, je fais toujours en sorte d'alimenter ma créativité en accompagnant ces moments d'une petite gourmandise. La plupart du temps, j'aime à savourer un thé, accompagné d'une douceur. Dans les pages qui viennent, vous découvrirez deux des mes recettes. Je les ai empruntées à deux amis, et j'espère que vous aurez le temps de les essayer pour accompagner vos propres moments de tranquillité lors de la lecture de ce livre.*

When my friend Zoë found out that I could still enjoy my favourite **CHAI TEA** during my (often morning sickness-filled) pregnancy, she made up a special batch and sent it to me from Brisbane, along with her recipe. It's one of the best chai mixes I've had – and coming from a self-confessed chai expert, that's some kind of wonderful.

*Quand mon amie Zoë découvrit que je pouvais toujours boire mon **CHAÏ** favori pendant ma grossesse et ce malgré mes fréquentes nausées matinales, elle m'envoya un assortiment depuis Brisbane, accompagné de sa recette. Il s'agit de l'un des meilleurs mélanges pour chaï que je connaisse (parole d'experte auto-proclamée en chaï).*

## METHOD

In a teapot, add 2 heaped teaspoons of chai (see opposite) and 2 teaspoons of black tea to $^1/3$ of a cup of boiling water. Put the lid on the teapot and let steep for at least 5 minutes. While the tea and spices are steeping, heat 1 cup of milk in a saucepan. Add the heated milk to the teapot and let steep for a further 2 minutes. Add a full teaspoon of your favourite honey and stir. Pour through a tea strainer. Adjust sweetness. Makes enough tea for one chai lover (which is at least two teacups) – to make a pot for two, double the quantities.

*Dans une théière, ajoutez deux cuillères à café bien pleines de mélange pour chai, deux cuillères à café de thé noir, et 80 ml d'eau bouillante. Fermez la théière et laisser infuser pendant au moins cinq minutes. Pendant ce temps, faites chauffer 250 ml de lait dans une casserole. Ajoutez le lait chaud dans la théière et laissez infuser pendant deux minutes de plus. Ajoutez une cuillère à café de votre miel favori et mélangez. Servez en filtrant avec une passoire. Ajoutez du miel dans la théière si besoin ou dans chaque tasse. Cela devrait être assez de thé pour un amateur de chaï (soit deux tasses) – pour deux, doublez les quantités.*

Chai recipe

2 T whole cloves
1 T whole allspice
4 cinnamon sticks
1 t peppercorns
20 cardamoms
1 T ground ginger

Blitz briefly. Makes
enough to flavour
tea or to taste.

Laly was just five days old when Jen – my then new neighbour, my now dear friend and Laly's playmate/best friend/occasional nanny – brought these **HANDPRINT BISCUITS** as a gift. I was sitting cross-legged on the bed, tiny Laly in my arms, attempting to breastfeed. I instantly felt nurtured in Jen's presence; she has such a warm and gentle nature. It was a wonderful gift – of not just the thoughtful cookies, but also her friendship. These biscuits make a perfect gift for a new mum – they are filled with goodness, but are sweet too.

*Laly avait tout juste cinq jours quand Jen, ma nouvelle voisine d'alors (et désormais amie chère et babysitter occasionnelle de Laly) apporta ces **BISCUITS** « imprimés » en cadeau. J'étais assise sur le lit, avec ma si petite Laly au creux de mes bras, essayant d'allaiter. Je me suis sentie instantanément restaurée en présence de Jen ; elle est de nature calme et douce. C'est un cadeau merveilleux, et là je fais référence non seulement aux biscuits, mais aussi à son amitié. Ces petits gâteaux sont un cadeau parfait pour une jeune maman : ils sont pleins de bonnes choses, et sucrés à la perfection.*

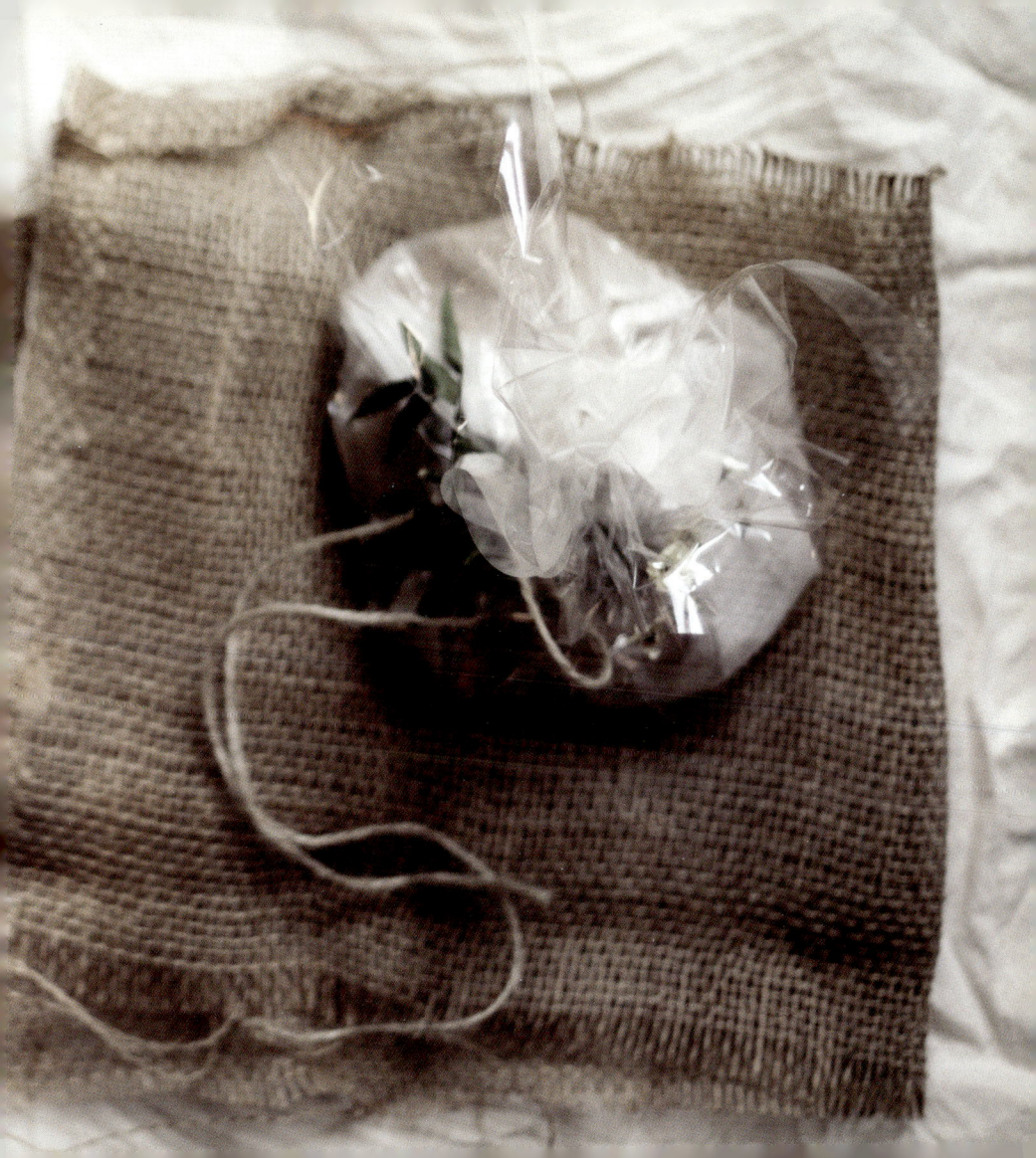

## INGREDIENTS

1 cup chopped macadamia nuts
1 cup oat flour
1 cup almond meal
$1/4$ cup maple syrup
$1/3$ cup almond oil
1 teaspoon organic vanilla extract

## METHOD

Mix everything together. Roll the mixture into balls, and flatten each ball with your palm – then say a lovely blessing for the person you are giving the biscuits to. Fill a small circle in the centre with jam. Bake at 180°C (or 360°F) for 20 minutes.

*Voilà!*

## INGREDIENTS

250 mg de noix de macadamia concassées
250 mg de farine d'avoine
250 mg de farine d'amande
60 ml de sirop d'érable
85 ml d'huile d'amande
1 cuillère à café d'extrait de vanille bio
Un peu de confiture de votre choix

## MÉTHODES

Mélangez tous les ingrédients. Formez des boulettes avec le mélange, et aplatissez ces boulettes avec la paume de votre main. Mettez un peu de confiture en formant un creux au centre des biscuits. Mettez au four à 180 °C pendant 20 minutes.

Voilà!

this little
...nds you &
gorgeous
...tle gift
...ell &
...)! Hand-
...with love
...lavender.
...ve, Melissa
...e poppy)  x

February 3, 2012
7pm
Friday

"The best things in
life are worth
waiting for."

Thank you for
reminding me Kylie.

# wool
*laine*

Before I gave birth, I had visions of sitting down at my sewing machine, making all sorts of things for my baby and decorating her room, while she slept nearby. But, of course, things went very differently. In the early days, our little girl refused to sleep in the day. Instead, she'd have 20-minute catnaps, and no matter what we did, she continued to sleep this way until she turned eight months old.

In the early days, I recall Laly sleeping once for *a whole hour*! After the first 20 minutes had passed, I was shocked – I had finished all I needed to do. I sat on the couch for five minutes, wondering what to do. I felt like making something with my hands, but it needed to be something that involved minimum fuss and effort – if Laly woke up suddenly, I didn't want (another) unfinished project lying around.

On a whim, I looked into my fabric basket – and decided to make her a **LITTLE HEADBAND**, using a thin woollen sweater. I cut off a strip that required no sewing of the edges. Then, taking a piece of French lace that Romain's mum had given me, I gathered it into a flower shape and crudely stitched the centre together. Then I found a tiny, ball-shaped silk button in my mother's old sewing kit. I stitched that onto the centre of the lace flower, and fastened the flower to the fabric band with more quick stitches. By that time, Laly was indeed awake! I put the fabric strip around her head to roughly measure it out, then stitched the ends together to make it into a headband. And there it was – a quick, easy fashion statement. That same day, I met up with a friend to do a spot of shopping. Laly wore her headband and a number of people in the street stopped me to comment on it. I felt proud *and* accomplished.

*Avant de donner naissance, je m'imaginais assise devant ma machine à coudre pendant que mon bébé dormait, lui confectionnant toutes sortes de choses, et finissant de décorer sa chambre. Mais bien sûr, il en fut tout autrement. Toute petite, notre fille refusait de dormir la journée. Au lieu de cela, elle faisait des micro-siestes de vingt minutes. Malgré tous nos efforts elle dormit de cette façon jusqu'à l'âge de huit mois. Je me souviens d'une seule fois où Laly dormit pendant une heure complète ! Les vingt premières minutes passées, ce fut le choc – j'avais fini toutes mes tâches. Je m'assis donc sur le canapé pendant cinq minutes, me demandant quoi faire. Il me vint l'envie de fabriquer quelque chose de mes mains, mais il fallait que ce soit quelque chose de rapide et facile : si Laly venait à se réveiller soudainement, je ne voulais pas d'un (autre) projet non fini. Sur un coup de tête, je regardai dans mon panier à tissus et décidai de fabriquer un* **PETIT BANDEAU,** *en utilisant un petit gilet en laine. Je coupai une bande qui ne nécessitait pas de couture sur les bords. Ensuite, je pris un morceau de dentelle française que la maman de Romain m'avait donné et façonnai une fleur que je cousis rapidement au centre. Je trouvai ensuite un minuscule bouton sphérique en soie dans le nécessaire de couture de ma maman, je le fixai au centre de la fleur en dentelle puis ajoutai quelques points pour solidifier l'attache de la fleur à la bande de tissu. A ce stade, Laly était réveillée ! Je mis le bandeau autour de sa tête, pour mesurer la longueur idéale, avant de coudre les deux extrémités pour former le bandeau. Et voilà un accessoire de mode facile et rapide à faire ! Le même jour, je retrouvai une amie pour une séance de shopping. Laly portait son bandeau et plusieurs personnes firent des commentaires élogieux à son propos. Je me sentais fière et accomplie.*

oh so dainty — tiny feet (and tiny toes)

My friend Zoë makes beautiful things all the time. Throughout the year, no matter where I'm living, parcels filled with handmade 'Zoë treasures' arrive at my doorstep. Sometimes they are to help celebrate momentous events; sometimes they are to help celebrate the everyday. In the lead-up to Laly's birth – and beyond – many parcels arrived from Zoë, one of which contained these incredible **DAINTY FELT SLIPPERS**, complete with hand-stitched rose embellishments. I will cherish them forever.

*Mon amie Zoë crée constamment de belles choses. Tout au long de l'année, où que j'habite, des colis remplis de trésors faits à la main par Zoë arrivent à ma porte. Parfois, ils célèbrent un évènement tandis que d'autres fois, ils célèbrent le quotidien. Dans la période précédant la naissance de Laly, de nombreux colis envoyés par Zoë arrivèrent. Dans l'un d'entre eux se trouvaient ces **MINUSCULES CHAUSSONS DE VELOURS**, incroyablement délicats, surmontés de roses cousues main. Je les chérirai pour toujours.*

Laly's French grandmother, Nelly, loves to knit clothes for her grandchildren. For Laly, she has knitted some lovely pieces, including this **DOVE GREY DRESS AND MATCHING CARDIGAN**, and the pink one pictured overleaf. In Laly's first months of life, Nelly sent many packages of clothing from France, each parcel always including some of her handiwork.

*La grand-mère française de Laly, Nelly, adore tricoter des habits pour ses petits-enfants. Pour Laly, elle a tricoté, entre autres, cette* **ROBE GRISE AVEC GILET ASSORTI.** *Lors des premiers mois de Laly, Nelly envoya beaucoup de vêtements de France, chaque colis incluant au moins un de ses ouvrages.*

In my second 'Made by Hand' book, titled *Amsterdam: Made by Hand*, I featured a crafter's co-op shop in the picturesque antique quarter of the city, on the buzzing Leidseplein. This hidden delight is called 'Tesselschade: Arbeid Adelt' and it was established in 1871. Inside, you'll find a vast collection of traditionally knitted and sewn wares, including smock dresses, samplers, bibs and soft toys, all handmade by local craftswomen. Leslie, a fellow creative soul who I became close friends with while living in Amsterdam, chose these little **DUTCH BOOTIES** for Laly.

*Dans mon second livre de la série « Made by Hand », intitulé* Amsterdam: Made by Hand, *figure un magasin d'artisanat coopératif situé dans le vieux quartier d'Amsterdam sur la place 'Leidseplein'. Ce magasin s'appelle « Tesselschade: Arbeid Adelt » et fut établi en 1871. On y trouve un vaste choix d'ouvrages tricotés ou cousus de façon traditionnelle : robes, bavettes, jouets, etc. tous faits main par des artisanes locales. Leslie, avec qui je me liai d'amitié lorsque je vécus à Amsterdam, et qui partage ma passion pour la création, nous envoya* **CES CHAUSSONS HOLLANDAIS** *pour Laly.*

This is the matching **DUTCH CARDIGAN** that goes with the booties Leslie chose for Laly – and although Laly grew out of the teeny booties early, the cardigan still fits her. Laly receives comments on her hand-knitted cardigan from passers-by every time she wears it!

*Voici le* **GILET HOLLANDAIS ASSORTI** *qui accompagne les chaussons choisis par Leslie, et bien que Laly ne les ait pas portés longtemps, ce gilet lui va toujours. A chaque fois qu'elle le porte, les passants font des commentaires sur son gilet tricoté à la main venu tout droit des Pays-Bas.*

I met Jenni when I began my career as an interior stylist, nine years ago. Jenni was the first stylist I ever assisted. She was generous and kind, and I learnt everything I know about styling from her. We became close friends, and both of us love beautiful old things – we've spent many days over the years scouring antique shops, markets and country sheds, looking for that special something. Using wool that she found in a leather suitcase – bought in one of her local antique stores – Jenni started knitting these delightful little **SOCK SHOES** for Laly when she was still in the womb, and finished them when she was three months old. They have tiny wooden buttons at the ankle, and are incredibly sweet.

*J'ai rencontré Jenni alors que je débutais ma carrière de styliste photo d'intérieur il y a neuf ans. Jenni fut la première styliste auprès de laquelle j'ai travaillé en tant qu'assistante. D'une nature généreuse et bienveillante, elle m'apprit tout ce que je sais du stylisme photo. Depuis, nous sommes devenues amies intimes et nous aimons toutes deux les beaux objets. Nous avons d'ailleurs passé des jours entiers à parcourir les antiquaires, les marchés et les remises à la recherche d'une trouvaille. En utilisant de la laine trouvée dans une valise en cuir – achetée chez l'un de ses antiquaires locaux – Jenni tricota ces "CHAUSSURES CHAUSSETTES" pour Laly avant sa naissance, et les termina quand Laly eut trois mois. Elles ont de très petits boutons en bois à la cheville, et sont tout simplement délicieuses.*

Last autumn, when the days became a little nippy, I made these **RETRO LEG WARMERS** for Laly from the sleeves of a fluffy '80s turtleneck that once belonged to my mum. They come in handy often, as although Laly tends to pull her socks off, she hasn't managed to get these leg warmers off yet! Plus, pulled over her three-quarter pants or worn with bare legs and a little bodysuit, she looks utterly groovy. Turn over for the how-to ...

*L'automne dernier, alors que les jours se rafraîchissaient, j'ai cousu ces « **JAMBIÈRES RÉTRO** » pour Laly, en utilisant comme base les manches d'un pull-over des années 80 qui appartenait à ma maman. Laly a tendance à enlever ses chaussettes mais ces guêtres s'avèrent plus difficiles à retirer ! De plus, associées à un pantacourt ou à un simple body, elles lui confèrent un look des plus « groovy ». Pour les instructions tournez la page.*

## HOW-TO

I simply cut about 20 cm from the length of one sleeve, removed the original bulky seam, then cut the piece in two (lengthways) to make a warmer for each leg. Then, I stitched each piece up lengthways to create the pair of warmers. As a sleeve is slightly wider at one end than the other, it creates the perfect shape for leg warmers – one end fits over Laly's thighs, while the other end fits snugly to her ankles. There is a slight stretch to the fabric, so the warmers still come in handy months later, even though Laly is much bigger. I left the edges raw because I like it, but you could easily sew them to make them neat and less 'ruffian'.

## TUTO JAMBIÈRES

J'ai simplement coupé environ 20 cm d'une manche, enlevé la couture originale épaisse, avant de la découper dans le sens de la longueur pour former la base de chaque jambière. Ensuite, j'ai cousu chaque morceau, toujours dans le sens de la longueur. La manche, légèrement resserrée, offre une forme parfaite pour des jambières : les cuisses d'un côté, comme les chevilles de l'autre, sont parfaitement enserrées. Comme la matière est extensible, ces jambières sont toujours utilisables après plusieurs mois, bien que Laly ait beaucoup grandi. J'ai laissé les bords « non finis » car j'aime ce rendu, mais vous pouvez les coudre pour un rendu plus « soigné ».

Jen, who made the delicious handprint biscuits, loves clever and creative handmade things too. This little collection of **FELT FINGER-PUPPET BUNNIES** was something she bought at a market some time ago, from a German acquaintance. She gave the bunnies to Laly and me to play with. I love the attached poem, which describes how to play the 'bunny' game ...

In a meadow under a tree
Two baby bunnies peek out at me
Out of their hole they go hop, hop, hop
Run through the grasses and never stop
When it's time to rest, rest, rest
Mama Bunny makes a cosy nest

*Jen, qui nous a offert les délicieux biscuits imprimés, aime aussi les objets à la fois beaux, intelligents, et faits main. Elle acheta auprès d'une connaissance allemande cette petite collection de* **LAPINS EN MARIONNETTES À DOIGTS FAITS DE VELOURS** *sur un marché il y a quelque temps. Elle les a données à Laly ainsi qu'à moi pour jouer avec. J'adore le poème qui les accompagne, il décrit le jeu du « petit lapin »...*

*Dans une prairie, sous un arbre,*
*Deux lapereaux me regardent, et soudain,*
*Sortent de leurs trous : et hop hop hop !*
*Courent à travers les herbes sans s'arrêter !*
*Mais quand vient le temps de se reposer*
*Maman lapin fabrique un nid douillet.*

47

My cousin Simone has two beautiful daughters, Issabella and Sahraa (and a little boy has just arrived!). Laly loves hanging out with 'the big girls', and they love showing her their rooms, and all the things they've recently made. The other day, Issabella gave Laly one of her creations – this pretty **POM POM** – which she'd made with her dad one wintry afternoon from a colourful ball of yarn. It's a beautiful treasure, all the more so because of who made it and how it was so sincerely gifted from one little creative soul to another.

*Ma cousine Simone a deux filles magnifiques, Issabella et Sahraa (et un petit garçon vient d'arriver !). Laly aime jouer avec « les grandes », et elles adorent lui montrer leurs chambres, et toutes les choses qu'elles ont récemment fabriquées. Un jour, Issabella donna à Laly l'une de ses créations – ce joli **POMPON** – qu'elle façonna avec l'aide de son papa, un jour d'hiver, à partir d'une pelote. C'est un trésor d'autant plus beau qu'il fut donné si sincèrement par une petite âme créative à une autre.*

My friend – and fabulous photographer – Petrina bought a sweet handcrafted woollen creature for Laly, and we named her **CÉLESTE**. She was made by Odds and Ends, and was one of Laly's most treasured first toys. Sadly, Céleste disappeared when Laly was about seven months old. To this day, we are not sure how she left us (we think she was accidentally catapulted out of the pram while walking in the neighbourhood), but she remains in our hearts. This is the only photo we have of Céleste – we do hope she enjoyed her time with us.

ODE TO CÉLESTE
May the wind guide you
into another's *petites* gentle hands,
and may the sun warm
your soft woolly features
for all days.

*Mon amie et photographe extraordinaire Petrina nous offrit une douce créature en laine pour Laly, que nous avions nommée* **CÉLESTE**. *Elle avait été fabriquée par Odds and Ends, et c'était l'un des jouets favoris de Laly. Malheureusement, Céleste a disparu quand Laly avait environ sept mois. A ce jour, nous ne savons pas comment et pourquoi elle nous a quittés (nous pensons qu'elle a été accidentellement catapultée hors du landau lors d'une promenade dans le quartier), mais elle reste dans nos cœurs. Ci-contre la seule photo que nous ayons prise. Nous espérons qu'elle aura apprécié le temps passé avec nous.*

ODE À CÉLESTE
*Que le vent te guide*
*vers d'autres douces petites mains,*
*et que le soleil réchauffe*
*ton petit corps laineux*
*pour toujours.*

ce sont des coquillages qui murmurent

"vous êtes ici,

vous êtes ici".

# paper

*Papier*

This idea came to me while gazing around my Laly's nursery-to-be in the months leading up to her arrival. I wanted to decorate the space with something big and beautiful, but didn't want it to dominate the room. I had piles and piles of shipping paper, which came with our packed goods from Amsterdam all those months ago. I'd saved the paper because I could see its potential for something crafty in the future, and a **GIANT PAPER WALLFLOWER** seemed the perfect creation. Turn over for the how-to …

*Cette idée m'est venue alors que je regardais la future chambre de Laly, dans les mois précédant sa naissance. Je souhaitais décorer la pièce avec quelque chose de beau et d'impressionnant, sans que l'espace ne soit trop envahi. Il me restait une quantité impressionnante du papier utilisé pour emballer nos affaires lorsque nous avions déménagé d'Amsterdam à Sydney, plusieurs mois auparavant. J'avais gardé ce papier en pensant qu'il pourrait être utile plus tard pour fabriquer quelque chose ; et une* **FLEUR GÉANTE** *semblait parfaitement appropriée. Pour les instructions tournez la page.*

## HOW-TO

Cut a circle, or simple square or rectangle shape (about 20 cm in diameter for the circle or square, or 20 cm by 10 cm for the rectangle) from a piece of cardboard. Make a small slit near the edge and pull through some lovely velvet ribbon, or coloured twine ... or anything ribbony that you fancy. Next, punch holes all over the cardboard circle using a sharp implement – scissors will do (obviously, use caution). To create the flower petals and centre, cut out lots of paper squares from thin paper (the larger the squares the better; mine here are about 45 cm by 45 cm). For best effect, choose a dramatic colour for the centre. Then, softly gather a paper square to make a petal (the centre of the paper should make a point). Gently push the petal point through one of the holes in the middle of the cardboard circle, and pull it firmly through the hole. Repeat this until you've created your flower centre, then use the other coloured paper to create the outer petals of the flower. Finally, hang your finished masterpiece with the ribbon or string.

## TUTO GÉANTE EN PAPIER

*Coupez un rond, un carré ou un rectangle (à peu près 20 cm de diamètre pour le rond / de côté pour le carré ou 20 cm par 10 cm pour le rectangle) dans un morceau de carton. Faites une entaille dans ce morceau près de l'un des bords et insérez-y un morceau de ruban en velours, un bout de ficelle… ou tout objet ressemblant à un ruban. Ensuite, faites des trous espacés de 2 ou 3 cm dans le morceau de carton en utilisant un objet pointu, par exemple, une paire de ciseaux (de toute évidence, faites attention). Pour créer les pétales de la fleur et le pistil, coupez plusieurs carrés de papier assez fins (plus ces carrés sont grands et plus le rendu est impressionnant, les miens faisaient 45 cm par 45 cm). Pour un meilleur effet visuel, choisissez une couleur bien contrastée pour le pistil. Ensuite, placez dans l'un des trous du centre un carré de la couleur choisie pour le pistil, avec lequel vous aurez préalablement formé une pointe. L'idée est de tirer fermement le papier pour le fixer dans le trou. Répétez l'opération jusqu'à ce que le pistil soit fini. Ensuite, en suivant le même principe, utilisez les carrés de l'autre couleur pour former les pétales. Enfin, accrochez la fleur avec le ruban (ou la ficelle).*

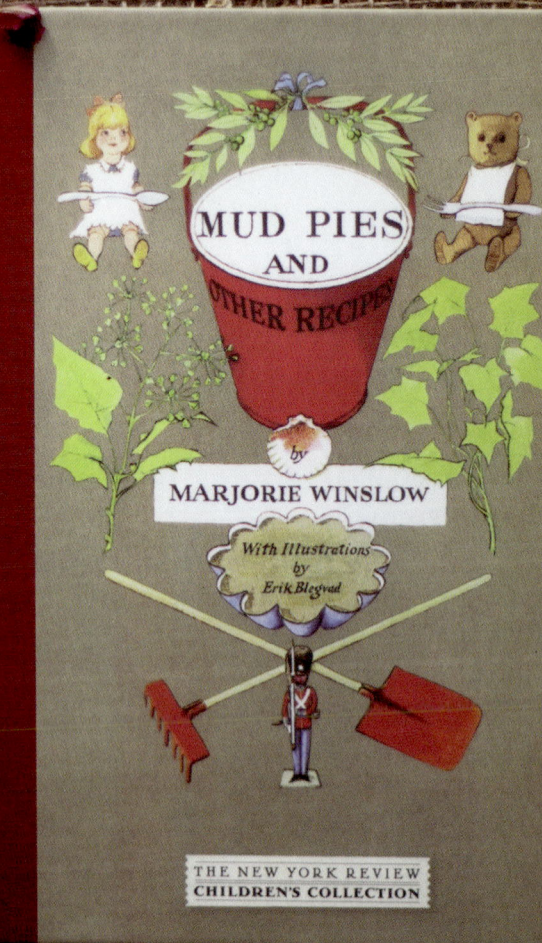

MUD PIES
AND
OTHER RECIPES

by

MARJORIE WINSLOW

With Illustrations
by
Erik Blegvad

THE NEW YORK REVIEW
CHILDREN'S COLLECTION

My first publisher, Angela, from The Little Bookroom in New York City, is wonderful. Over the years that we've got to know each other, she has sent me parcels of goodies, such as vintage books she finds at markets, and treasures she's collected. This year, Angela sent me a huge selection of books from The New York Review Children's Collection, to kickstart Laly's library. What a treat! Included was a series called "Jenny and the Cat Club", which I can't wait to read with Laly – as well as this special one, **MUD PIES AND OTHER RECIPES**, which was first published in 1960. It is one of the best children's books ever – written by Marjorie Winslow and beautifully illustrated by Eric Blegvad – and is filled with recipes for making all sorts of pies and cookies and cakes and teas using ingredients found in your own backyard.

*Ma première éditrice, Angela, de « The Little Bookroom » à New York, est merveilleuse. Au cours des années, alors que nous nous connaissions de mieux en mieux, elle m'envoyait régulièrement des colis remplis de petites merveilles, tels que des livres anciens chinés sur les marchés et autres trésors. Cette année, Angela m'a envoyé une énorme sélection de livres de la collection pour enfants de la « New York Review », pour démarrer la bibliothèque de Laly. Quel cadeau ! Parmi ces livres était inclus une série appelée « Jenny et le club des chats » que je suis impatiente de pouvoir lire à Laly – ainsi que « TARTES À LA BOUE ET AUTRES RECETTES » qui fut publié pour la première fois en 1960. Ecrit par Marjorie Winslow et joliment illustré par Eric Blegvad, c'est véritablement l'un des meilleurs livres pour enfants. Il est rempli de recettes pour faire toutes sortes de tartes, de biscuits ou de thés en utilisant des ingrédients trouvés dans votre jardin.*

## INSTANT MUD CUSTARD

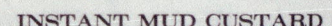

Hurry out after a rainstorm and spoon
mud into custard cups.

### DOLLYPOPS

Pick a dandelion from the lawn carefully,
so as not to disturb the fluff. Hand it to
your doll and tell her to lick.

# MUD PIES
## AND OTHER RECIPES

*by*

## MARJORIE WINSLOW

I met Leslie – who sent the gorgeous Dutch cardigan and booties (pages 36–38) – when I was researching ateliers a few years ago. The moment I walked into her studio I was captivated by her creativity; every corner of her space was infused with inspiration. These antique **DUTCH PAPER PATTERNS**, used for making baby clothes, were sent to us by Leslie recently – and I now have them taped to Laly's bedroom wall. Leslie found them at a market in the Dutch city of Utrecht, at a stall that she frequently visits, run by an elderly lady who sells vintage dolls' garments. They are signed and stitched to perfection. Leslie wrote, "I thought of you right away when I found the patterns on her table … the handmade element and fragility of the paper – they are just so sweet!" I miss Leslie dearly.

*J'ai rencontré Leslie, qui nous a envoyé ces magnifiques gilet et chaussons hollandais (pages 36–38), alors que cherchais des ateliers il y a quelques années. À peine étais-je entrée dans son atelier que je fus captivée par son univers, chaque recoin de son espace était infusé de créativité. Ces* **PATRONS HOLLANDAIS EN PAPIER**, *utilisés pour coudre des habits de bébé, nous ont été envoyés par Leslie il y a quelques mois seulement – et je les ai maintenant fixés sur l'un des murs de la chambre de Laly. Leslie les a trouvés dans un marché de la ville d'Utrecht, sur un stand auquel elle se rend souvent, tenu par une femme âgée qui vend des habits pour poupées anciennes. Leslie m'a écrit à ce propos : « J'ai pensé à toi immédiatement quand j'ai vu les patrons sur sa table… le côté fait main et la fragilité du papier – tout à fait toi ! ». Leslie me manque.*

Handmade in Melbourne, Australia
using fabric selected from
around the world.

eighty days

♻ 100% recycled paper  www.eightydays.com.au

© Eighty Days 2010

I love this **EIGHTY DAYS GREETING CARD**, handmade in Australia from
100 per cent recycled paper and beautiful fabric. Given to us by Petrina –
along with Céleste – it's a beautiful piece that will go into Laly's baby book
(once I get it done ... one book at a time!).

*J'adore cette **CARTE DE VŒUX**, faite à la main en Australie avec du papier cent pour
cent recyclé et de beaux tissus. Elle nous fut donnée par Petrina – en compagnie de
Céleste – c'est un bel objet qui trouvera sa place dans l'album bébé de Laly (quand je
trouverai le temps de le faire !).*

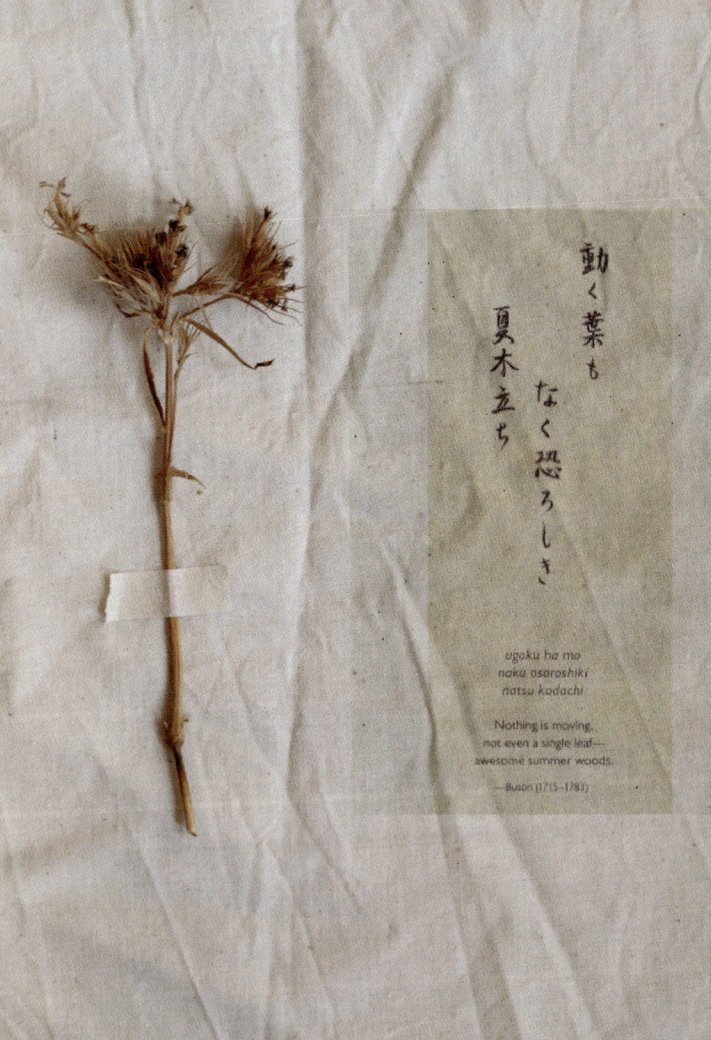

動く葉も
なく恐ろしき
夏木立ち

*ugoku ha mo*
*naku osoroshiki*
*natsu kodachi*

Nothing is moving,
not even a single leaf—
awesome summer woods.

—Buson (1715–1783)

I met Kylie in blog land some five years ago. I was then living on a houseboat in Amsterdam; she was living and working in a gorgeous home studio in Brisbane. We know we are kindred spirits, and although we live in separate cities, we have a home deep in each other's hearts. As part of one of Kylie's special parcels to celebrate Laly's birth, she included this **BOTANICALS POEM IN A BOTTLE**, made by Brisbane design studio Looseleaf. Lou, creator of Looseleaf, is inspired by botany, traditional Japanese art methods and the beauty of the apothecary's materials. These tiny bottles contain a scrolled Japanese haiku poem and a dried plant specimen.

*J'ai rencontré Kylie par blog interposé il y a environ cinq ans. Je vivais à l'époque sur une péniche à Amsterdam ; elle vivait et travaillait dans un magnifique atelier à Brisbane. Nous savons que nous sommes des âmes sœurs, et bien que nous vivons dans des villes différentes, nous sommes constamment en contact. Kylie avait inclus dans l'un de ses colis envoyés pour célébrer la naissance de Laly ce* **POÈME BOTANIQUE DANS UNE BOUTEILLE**, *fait par le studio de design looseleaf.paper de Brisbane. Lou, fondateur de looseleaf.paper, s'inspirent de la botanique, de méthodes traditionnelles japonaises et d'objets d'apothicaires. Ces petites bouteilles renferment un haiku et une plante séchée.*

Emma Cassi is a London-based, French-born jewellery designer who makes exquisite pieces from lace. She made and sent us her very own **EMMA CASSI CARD** to say congratulations on the arrival of Laly. It's so beautiful and fitting; so thoughtful.

*Basée à Londres, Emma Cassi est une créatrice française de bijoux. Elle confectionne de magnifiques pièces avec de la dentelle. Elle nous a envoyé **UNE CARTE** pour nous féliciter lorsque Laly est née. Quelle belle attention !*

Emma
CASSI

When I was very ill during my pregnancy, my friend Natalie sent me a get-well parcel. Inside was a silk eye mask that she had made to help me rest, and this fantastic **FLORAL PAPER CREATION**, using an old dressmaker's pattern to create the petals. I've taped it to the wall in Laly's room, along with the Dutch paper patterns. I have no doubt Laly will be inspired by it in the years to come, and perhaps she'll want to make her own floral paper creations. I think Natalie is incredibly clever.

*Alors que j'étais très malade durant ma grossesse, mon amie Natalie m'envoya un colis pour me souhaiter un prompt rétablissement. A l'intérieur se trouvaient un masque de repos en soie pour m'aider à me détendre, et cette fantastique* **CRÉATION FLORALE EN PAPIER**, *dont les pétales ont été confectionnés à partir de vieux patrons de robes. Je l'ai placée sur le mur de la chambre de Laly, à côté des patrons hollandais. Je ne doute pas qu'ils l'inspireront dans les années à venir, et peut-être fabriquera-t-elle ses propres créations florales en papier. Je trouve que Natalie est incroyablement ingénieuse.*

While living in Amsterdam, I met Yvette, a food stylist, with her own café on the Amstel River. We worked together on a number of photo shoots and became a great styling team. We also became wonderful friends who share a love of writing, creating and dreaming big ideas. Now, Yvette is a well-known cookbook author, illustrator and restaurateur.

To celebrate Laly's arrival, Yvette collected gifts from all over Holland, and wrote sweet messages to Laly to explain the significance of each – traditionally crafted Dutch clogs, specially designed books and clothes. Written in **YVETTE'S SIGNATURE HANDWRITING** – which famously graces magazine covers, books and clothes around the world – I've kept each personal message to place in Laly's baby book.

*J'ai rencontré Yvette alors que je vivais à Amsterdam. Yvette, alors styliste photo culinaire, avait son propre restaurant au bord de la rivière Amstel. Nous avons travaillé ensemble sur plusieurs séances photo et formions une bonne équipe de stylistes. Nous somme également devenues d'excellentes amies, partageant l'amour de l'écriture, la créativité et les grands rêves. Yvette est maintenant un auteur connu de livres de recettes, une illustratrice et restauratrice.*

*Pour célébrer l'arrivée de Laly, Yvette rassembla des cadeaux provenant de tous les Pays-Bas et écrit des messages à Laly pour expliquer l'histoire et l'importance de chaque objet : sabots traditionnels, livres ou habits. Ces messages, Yvette les a écrit à la main, avec* **L'ÉCRITURE QUI LUI EST SI PARTICULIÈRE** *(et qui orne des couvertures de magazines, de livres, ou encore des vêtements dans le monde entier). Je les ai tous gardés pour les placer dans l'album bébé de Laly.*

THESE DRAWINGS ARE
FROM THE FAMOUS BOOKS
CALLED: JIP & JANNEKE.
FIEP WESTENDORP WAS THE
ILLUSTRATOR. EVERY KID IN
HOLLAND GROWS UP WITH
THEIR STORIES! → XY

In Surry Hills, an inner-city suburb of Sydney bursting with people and boutiques that appreciate artisans and all things made by hand, there is a little store called Follow. It is the bricks and mortar space of the famous travelling Finders Keepers artisan markets, and inside you'll find a fabulous collection of wares. This **SILK-SCREENED WRAPPING PAPER** is inspired by Polish folklore and made by Laikonik – a small design and silk-screen studio based in Sydney, dedicated to celebrating the beauty in everyday objects. The design is printed on thick, recycled Kraft paper, and since Laly has Polish ancestry, I thought it would be a lovely addition to her bedroom wall.

*À Surry Hills, un quartier de Sydney rempli de boutiques proposant des produits artisanaux et faits à la main, se trouve un petit magasin appelé « Follow ». Il s'agit du pendant « sédentaire » du marché Finders Keepers (NDT : un marché à l'artisanat itinérant en Australie) et propose une excellente sélection d'objets en tout genre. Ce* **PAPIER SÉRIGRAPHIÉ** *qui s'inspire du folklore polonais est le fruit du travail de Laikonik, un petit studio de design de Sydney spécialisé dans la soie, qui essaye de célébrer la beauté des objets du quotidien. Le dessin de cette pièce est imprimé sur de l'épais papier Kraft recyclé, et comme Laly a des racines polonaises, il m'a semblé évident qu'il s'agissait d'une addition bienvenue sur le mur de sa chambre.*

We collect treasures left by

Mother Nature,

as we walk, as we walk...

# cloth
## étoffe

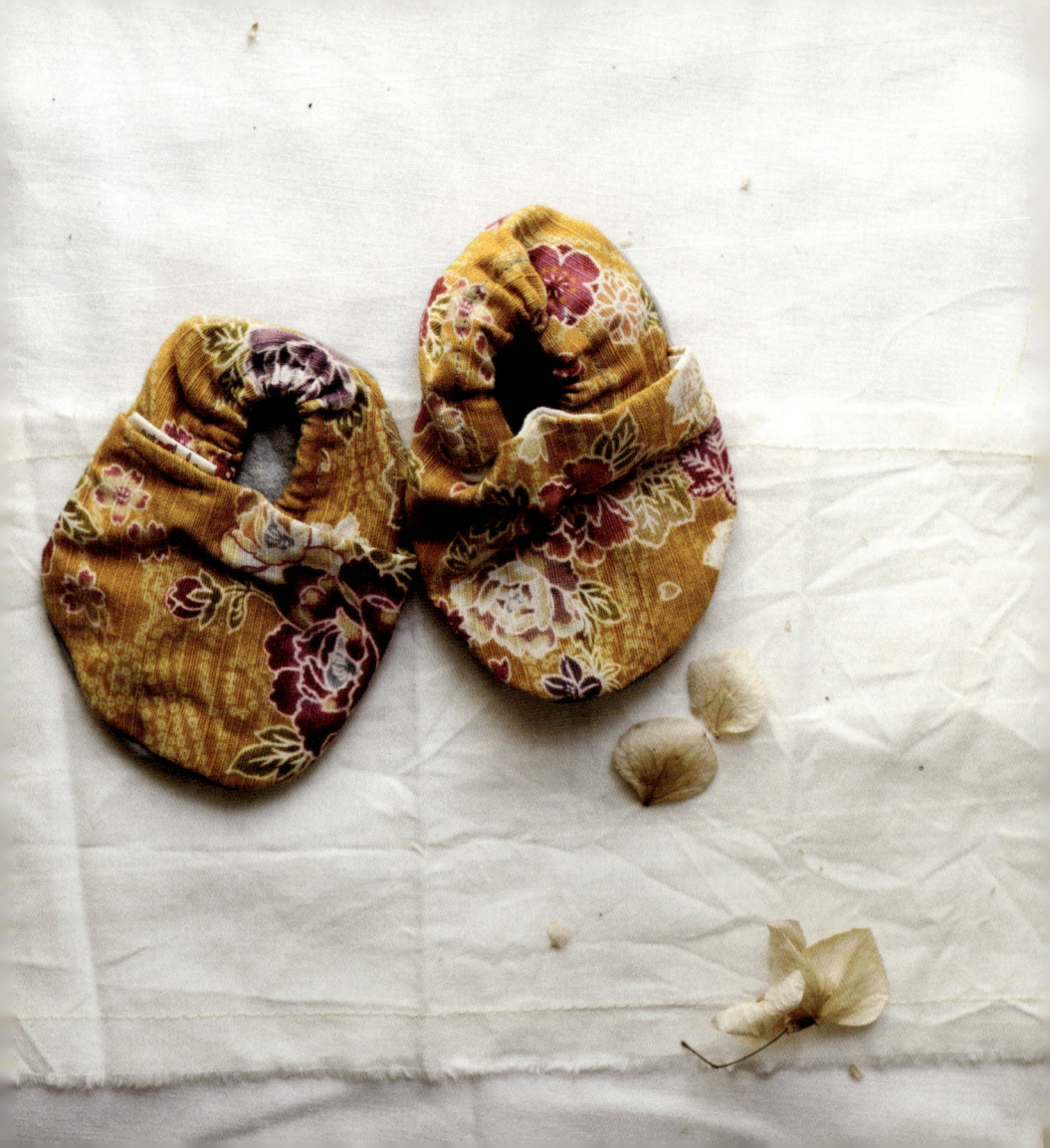

Before Laly was born, I ordered two pairs of these gorgeous **KIMONO SLIPPERS** online, from a Sydney-based Etsy seller called Art Loves Lula. They are handmade using vintage Japanese fabric, with a snug sole lining to keep little feet warm. I gave the second pair to my friend Sasha, who was also about to give birth to her little girl, Tilda. Laly and Tilda are just two weeks apart, we hope they'll be good friends like us when they grow up.

*Avant la naissance de Laly, j'ai commandé deux paires de ces magnifiques* **CHAUSSONS KIMONO** *en ligne, à un vendeur Etsy basé à Sydney nommé Art Loves Lula. Faits à la main, ils sont à base de tissu vintage japonais, avec une semelle doublée pour garder les petits pieds bien au chaud. J'ai donné la seconde paire à une amie, Sasha, qui s'apprêtait également à donner naissance à une petite fille, Tilda. Laly et Tilda n'ont que deux semaines de différence ; nous espérons qu'elles seront amies lorsqu'elles grandiront, comme nous.*

This **COTTON SMOCK** belonged to me when I was a baby. Mum doesn't know where it came from: she said she didn't make it, and can't remember if someone she knew had, but I can tell it is made by hand – the detail of the stitching on the clasps is a giveaway, and there are no tags. But where did it come from? I may never know. For Laly, I replaced the tattered red ribbon with this thick rose ribbon.

*Cette* **BLOUSE EN COTON** *m'appartenait alors que j'étais bébé. Maman ne sait pas d'où elle provient : elle ne se souvient pas de l'avoir confectionnée, et ne se souvient pas non plus si quelqu'un d'autre l'a fabriquée mais on peut voir qu'il s'agit d'un objet fait à la main. Indices évidents: le détail de la couture sur le fermoir, l'absence d'étiquette. D'où vient-elle ? Nous ne saurons probablement jamais. Pour Laly, j'ai remplacé le vieux ruban rouge par cet épais ruban rose.*

My blog has been the starting point for many great discoveries, including Periwinkle Bloom – a children's garment-maker that crafts everything by hand. In 2011 the online shop closed and I was sad because I'd imagined it to be where I'd buy my first child's clothes – and, at the time, I didn't yet have a child (I bought clothes anyway!). This **ORGANIC COTTON SHEEP** was a gift from Tyler, the owner and founder. It is now Laly's to cuddle. I have hopes that Tyler will open her online boutique again; everything about it is everything I love.

*Mon blog a été le point de départ de nombreuses découvertes, comme par exemple Periwinkle Bloom – un créateur de vêtements pour enfants en coton bio entièrement faits à la main aux USA. En 2011, leur boutique en ligne dut malheureusement fermer, à mon grand désarroi car je m'imaginais leur acheter mes premiers habits pour enfants – et à l'époque, je n'avais pas encore d'enfant (ce qui ne m'a pas empêchée de faire quelques achats !). Ce magnifique petit MOUTON EN COTON BIOLOGIQUE est un cadeau de Tyler, le fondateur et propriétaire de Periwinkle Bloom. Il appartient maintenant à Laly de le cajoler. J'espère que Tyler rouvrira sa boutique en ligne ; j'aime tout ce qu'elle représente.*

we call him

gaspard

While I was pregnant, Romain's mum, Nelly, asked if there was a theme or animal that we had been thinking about for our unborn child. The elephant was what I'd had in my mind for some time – strong, knowing, wise. Nelly embraced this and began sending all things elephant-inspired! This was one of them – the strangest-looking creature, with elephant fabric, made by hand on the French island of Réunion. As it turns out, it happens to be Laly's favourite toy. She cuddles him, gives him kisses, pulls on his one arm and bites his toes and little ears. We named him **GASPARD**. Bonjour, Gaspard!

*Quand j'étais enceinte, la maman de Romain, Nelly, nous demanda si nous avions en tête un thème ou un animal pour notre enfant à venir. Un éléphant, voilà l'animal qui me trottait dans la tête depuis un moment : fort, savant, intelligent. Nelly décida alors d'envoyer toutes sortes d'objets avec des éléphants dessus ! En particulier, celui-ci est une créature des plus étranges, agrémentée de motifs d'éléphants, fabriquée à la main à l'île de la Réunion. Il s'agit en fait du jouet préféré de Laly. Elle lui fait des câlins, l'embrasse, tire sur son unique bras et mord ses orteils et ses petites oreilles. Nous l'avons nommé* **GASPARD**. *Bonjour Gaspard !*

My dad gave this **BABY ELEPHANT** to me when I was three years old. He bought it in Indonesia, in a village called Depok, during a business trip in 1981. It is hand-stitched and made with hand-printed batik. As our family has Indonesian ancestry, I hold this little creature close to my heart. I've now passed it down to Laly; I do hope she'll love it as much as I have.

*Mon papa m'offrit ce **BÉBÉ ÉLÉPHANT** quand j'avais trois ans. Il l'acheta en Indonésie, dans village nommé Depok, lors d'un voyage d'affaires en 1981. Il est cousu à la main et fait dans un tissu batik imprimé. Comme nous avons des origines indonésiennes, cette petite créature est chère à mon cœur. Je l'ai maintenant transmise à Laly ; J'espère qu'elle l'aimera autant que je l'ai aimé.*

When I had my book launch events in 2011 for *My Heart Wanders*, I asked Dutch-born, Brisbane-based textile and fashion designer Mady Dooijes if she would mind lending me a few of her latest creations to wear (that was before my body turned into a colossal baby-carrying vessel). Working with organic cotton, Mady makes exquisite, unique garments, and I was thrilled she was keen to collaborate in this way.

Along with the garments, Mady sent two **HANDMADE HEARTS**, created by her gorgeous kids who insisted they wanted to include some of their own creations in the parcel to me. I adore the hearts – the choice of colours and fabrics are perfect. I hang them on Laly's activity stand and she loves to turn them around and around, and chomp on them.

*En 2011, lors des évènements entourant le lancement de* My Heart Wanders, *j'ai demandé à Mady Doojies, une styliste hollandaise basée à Brisbane, de me prêter quelques-unes de ses dernières créations (c'était avant que je sois très enceinte). N'utilisant que du coton biologique, Mady faits des habits exquis et uniques, et j'étais ravie qu'elle accepte de collaborer de cette façon.*

*Accompagnant les habits, Mady envoya deux* **CŒURS FAITS MAIN**, *confectionnés par ses enfants, qui insistèrent pour inclure certaines de leurs créations dans le colis. J'adore ces cœurs – les choix de couleurs et de tissus sont parfaits. Je les accroche au portique d'activités de Laly et elle adore les tourner dans tous les sens, et les mordre bien sûr.*

Hagar is an amazing textile artist who lives just down the road from our houseboat in Amsterdam, in crafty de Pijp. When I discovered her work at an open studio weekend in her neighbourhood, I got those buzzing, light-filled butterflies in my belly – the ones you get when you've discovered something incredible, secretive and inspirational. I featured her work in *Amsterdam: Made by Hand*, and as a little gift she made me this whale – **PIA'S WHALE**. I've carried it around with me these past few years, and have now passed it on to our baby girl – though I keep it on the windowsill out of reach of grubby hands. It's a beautiful memory of my time in Amsterdam, and having lovely afternoon-tea chats with Hagar in her kitchen. I remember on one occasion she asked if I was thinking about having children. I said, "I'd love to, but I'm not ready just yet." Then a year later – after moving to Sydney – I was pregnant.

Hagar est une formidable artiste sur tissu qui vivait tout près de chez nous à Amsterdam, dans le très créatif quartier de Pijp. Quand j'ai découvert son travail durant un week-end portes ouvertes des studios d'artistes dans son quartier, j'ai eu le sentiment d'avoir découvert quelque chose d'à la fois incroyable, secret et source d'inspiration. J'ai fait figurer son travail dans Amsterdam: Made by Hand, et elle m'a offert un petit cadeau, cette baleine : **LA BALEINE DE PIA**. Je l'ai gardée pendant des années avant de la confier à ma fille – bien qu'elle soit sur le bord de la fenêtre, hors de portée de petites mains sales. Il s'agit d'un beau souvenir de mes années passées à Amsterdam et des thés partagés avec Hagar dans sa cuisine. Lors d'une de ces occasions, autour d'une tasse, elle me demanda si je songeais à avoir des enfants. Je lui répondis : « J'aimerais bien mais je ne suis pas encore prête ». Un an plus tard, après avoir déménagé à Sydney, j'étais enceinte.

seashells & sandcastles, dragonflies & bluebirds

will you come exploring with me?

Before Laly was born, I was on the search for a nappy bag that, well, didn't look like a nappy bag. I wanted something handmade locally, from tough, natural fabric like canvas, and with pockets for different things that I thought I might need. I found Sydney-based bag designer Joo, from Bagy Bag on Etsy, and bought two bags – a canvas backpack and a shoulder bag – both in navy stripes. When Joo found out I was pregnant, she was so full of joy for me that, as a gift to our unborn child, she included this precious **LITTLE BEAR** that she'd made, complete with movable legs and arms. It was very touching, and I put it on Laly's shelf above her change mat. I admit that I have only let Laly play with it, supervised, for a moment or two here or there – I love that little bear so much, I am not quite ready to see it sucked, chewed and stepped on.

*Avant la naissance de Laly, j'étais à la recherche d'un sac à langer qui… et bien… ne ressemble pas à un sac à langer. Je voulais quelque chose fait à la main localement, dans un matériau résistant et naturel comme de la toile, avec des poches pour les choses diverses et variées dont je pensais avoir besoin. J'ai donc trouvé un designer basé à Sydney, Joo, de 'Bagy Bag' sur Etsy, et j'ai acheté deux sacs en toile – un sac à main et un sac à dos – aux rayures marines. Quand Joo apprit que j'étais enceinte, elle décida d'inclure ce* **PETIT OURS**, *dont les bras et les jambes peuvent se mouvoir. C'était très touchant, et je le mis sur l'étagère au dessus de la table à langer de Laly. Je dois avouer que je ne laisse Laly jouer avec que rarement, et sous ma supervision – j'aime trop cet ours pour le laisser être mordu, bavé dessus ou piétiné.*

Spool is an awesome craft shop in Philadelphia. They post great ideas and patterns on their blog, and I made this **BIRD MOBILE** for Laly using their bluebird sewing pattern and scrap fabrics I had saved over the years for just such a creation. I used sturdy branches found in the backyard – crossed to make a frame – to hang the birds from with ribbon. The mobile is now above Laly's cot; out of reach but not out of sight. It gently sways in the breeze that comes through the window, and she loves her collection of bluebirds. I've often found her smiling at them when in her cot, awakening from her slumber.

*Spool est une superbe boutique d'artisanat à Philadelphie. Ils publient des patrons et d'excellentes idées sur leur blog, et j'ai fait ce **MOBILE D'OISEAUX** pour Laly en utilisant leur patron « oiseau bleu » et des chutes de tissus que j'avais mises de côté pour une occasion de ce genre. J'ai utilisé des branches trouvées dans le jardin, les ai mises en croix avant d'attacher les oiseaux avec du ruban. Ce mobile est au dessus de son lit, hors de portée mais pas hors de vue. Il se balance doucement avec la brise d'été qui vient de la fenêtre. Laly adore leur collection d'oiseaux bleus. Je la retrouve souvent lui souriant quand elle sort de son sommeil.*

Alexia Hollinger was one of the very first Parisian artisans who Romain and I interviewed for my book, *Paris: Made by Hand*. Her studio is situated on quaint rue Thérèse, in the 1st arrondissement, and it is filled with beautifully crafted handbags made from vintage silk scarves combined with hardwearing canvas fabrics. After Laly was born we received this beautiful package from Alexia – all the way from Paris to Sydney – with 'piece unique' stitched inside. It is a lovely **TOTE, NAPPY CHANGING WALLET AND WRAP-AROUND BIB**, all crafted by hand by Alexia in her Paris studio, especially for Laly. Made with black cotton and colourful check print, it's bold and beautiful, just like our daughter.

Alexia Hollinger fut l'un des premiers artisans parisiens à être interviewé pour mon livre Paris : Made by Hand. *Son atelier se situe rue Thérèse, dans le premier arrondissement. On peut y trouver nombre de sacs à main faits à la main, dans des foulards en soie vintage combinés avec de la toile. Quand Laly est né, Alexia nous envoya une pièce unique — de Paris à Sydney. Il s'agit d'un superbe ensemble* **FOURRE-TOUT, SAC À LANGER ET BAVETTE,** *entièrement fait à la main dans son atelier à Paris, juste pour Laly. Fait en coton noir et imprimé à carreaux colorés, il est à la fois audacieux et beau, comme notre fille.*

I've heard that anything black and white is a favourite with newborns. I had some vintage flower fabric stashed among my collection, so I cut out curved shapes and stitched them on to white bias tape for a simple, eye-catching **DECORATIVE GARLAND** to hang above Laly's change table in the bathroom. I've noticed she doesn't look at it that often yet – but I do!

## HOW-TO

Cut circles from black and white fabric, then cut the circles in half. Pin the half-circles to a long strand of bias or thick ribbon, then sew them on using a sewing machine or by hand. Tape the garland to a bare wall with masking tape, or hang from a mantle, above a window or around a doorframe.

*J'avais entendu que les nourrissons aiment le noir et blanc. Ayant du tissu vintage à motifs floraux dans ma collection, j'y découpai des formes incurvées et les cousis sur du ruban de biais blanc pour confectionner une* **GUIRLANDE DÉCORATIVE,** *au rendu simple mais accrocheur, destinée à être suspendue au dessus de la table à langer de Laly, dans la salle de bain. Mais elle ne semble pas la regarder autant que moi !*

## TUTO GUIRLANDE DÉCORATIVE

*Coupez des ronds dans un tissu noir et blanc et découpez-les en deux. Épinglez les demi-cercles sur un long morceau de ruban de biais (ou autre ruban épais), puis cousez-les à l'aide d'une machine à coudre ou à la main. Fixez la guirlande à un mur en utilisant du ruban adhésif de masquage, ou accrochez-la à un manteau de cheminée, au dessus d'une fenêtre ou encore autour d'une porte.*

Kirsty makes awesome stuff and blogs about her crafty creations. When Laly was born she sent this delightful handmade **KOOTOYOO MUSIC BOX**, complete with the tune *"Ballade pour Adeline"*. When Laly wakes from her afternoon nap, she points straight to the music box. I turn the key and we listen to the music as it fills the room. It is an incredibly unique and special gift that will be treasured always.

*Kirsty fabrique des objets magnifiques et tient un blog dans lequel elle décrit ses créations. Quand Laly est née, elle envoya cette délicieuse* **BOÎTE À MUSIQUE** *« KOOTOYOO », qui joue le morceau « Ballade pour Adeline ». Quand Laly se réveille de sa sieste l'après-midi, elle pointe du doigt la boîte à musique et je tourne la clé pour que nous puissions écouter la musique qui emplit la chambre. Il s'agit d'un cadeau incroyable et unique, que nous chérirons pour toujours.*

Inspired by an image in one of Mark and Sally Bailey's books (*Recycled Home*; Ryland Peters & Small, 2009), in a chapter titled 'Children's Rooms', I made these **FABRIC ANIMAL SHAPES**. The ones in the book look like they are made from recycled metal and then pinned on to the wall. I made mine from some red linen fabric, and printed yellow patterns over the top to add an African feel. I tend to move these around Laly's room, not having quite found the perfect spot for them. In this photo, they sit above the day bed; currently, however, they are above Laly's cot and I often find her staring inquisitively at them following her afternoon nap. Turn over for the how-to ...

*Inspirée par une photo trouvée dans un livre de Mark and Sally Bailey (Recycled Home; Ryland Peters & Small, 2009), et plus précisément dans un chapitre intitulé « Children's Rooms » (chambres d'enfants), j'ai fabriqué ces* **SILHOUETTES D'ANIMAUX EN TISSU**. *Celles que l'on peut voir dans le livre semblent être faites de métal recyclé et épinglées au mur. Les miennes sont en lin rouge, avec des décorations jaunes imprimées dessus, pour accentuer l'inspiration africaine. Je les déplace souvent dans la chambre de Laly, n'ayant pas encore trouvé un emplacement parfait pour les afficher. Sur cette photo, elles se trouvent au dessus du lit-canapé ; en ce moment elles sont au dessus du lit d'enfant et nous la retrouvons souvent en train de les scruter après sa sieste de l'après-midi. Pour les instructions tournez la page.*

## HOW-TO

Hunt out interesting animal shapes or silhouettes from books or online. Trace and cut out the shapes, lay them over fabric of your choice, and pin. Cut carefully around the shapes. Next, dip the ends of bamboo skewers into coloured paints (I only use natural paints), and dab on to the fabric to create interesting textural features. Allow the paint to dry, then make a fabric stiffener using one part craft glue to one part water. Thickly paint this solution on both sides of the fabric, and then let the fabric dry on a clothesline or a mat outdoors. Once dry, the fabric should be stiff enough to pin or tape on a wall.

## TUTO SILHOUETTES D'ANIMAUX

*Cherchez des formes d'animaux en ligne, dans des livres ou des magazines. Tracez et coupez ces formes, posez-les sur le tissu de votre choix et épinglez-les. Découpez en suivant le contour des formes. Ensuite, trempez des brochettes de bambou dans de la peinture (je n'utilise que des peintures naturelles) et appliquez des touches de couleurs sur les formes, l'idée étant de créer des textures intéressantes. Attendez que la peinture sèche, puis fabriquez de l'amidon en utilisant un volume de colle pour un volume d'eau. Appliquez la solution des deux côtés du tissu, et laissez sécher sur un fil à linge ou sur un tapis dehors. Une fois sec, le tissu devrait être rigide et prêt à être punaisé ou collé au mur.*

After Céleste wandered off I decided to make **Monsieur Robert**, inspired by his good friend, Gaspard. I used terry towelling for the back (the snuggliest of materials, according to Laly), made long arms to chomp on, and fat ribbon ears to pull on. Laly doesn't seem to love Monsieur Robert as much as she loves Gaspard and loved Céleste, but she tolerates his presence on the play mat, and throws him about every now and then to let him know she cares.

*Après le départ anticipé de Céleste, j'ai décidé de confectionner **Monsieur Robert**, s'inspirant de son fidèle camarade, Gaspard. J'ai utilisé du tissu éponge pour la face arrière (le plus câlin des matériaux, selon Laly) et lui ai adjoint de longs bras prêts à être mordus, et de grosses oreilles en ruban prêtes à être tirées. Laly ne semble pas apprécier Monsieur Robert autant que Monsieur Gaspard ou Céleste, mais elle tolère sa présence sur le tapis de jeu, et le projette de temps à autre pour lui signifier qu'il compte.*

When I found out I was having a baby girl I was inspired to make this pretty **CLOUD PILLOW** – to signify to my soon-to-be-born-into-this-serious-world that having dreams and ideas is an important part of life. I had some pink polka-dot fabric in my basket and, although I'm not a fan of the 'pink for girls, blue for boys' concept, it seemed the perfect material for a cloud pillow. As with most of what I make, there was no pattern ... I just made it up. I used a piece of felt for the back, and the size of the pillow was determined by the size of the fabric. Turn over for the how-to ...

*Quand j'ai appris que j'allais avoir une fille, cela m'inspira ce joli* **COUSSIN NUAGE**, *pour dire à ma fille bientôt née dans ce monde très sérieux qu'avoir des rêves est important dans la vie. J'avais un peu de tissu à pois roses dans mon panier et, bien que je ne suis pas fan du concept « rose pour les filles et bleu pour les garçons », il m'a semblé être le tissu idéal pour un coussin nuage. Comme pour la plupart des choses que je fabrique, je n'ai pas suivi de patron particulier, j'ai improvisé. J'ai utilisé du feutre pour l'arrière et la taille du coussin fut déterminée par la taille du morceau de tissu. Pour les instructions tournez la page.*

## HOW-TO

Draw a cloud shape on a piece of A4 paper. Then scrunch that one up and throw it in the bin if you don't like it, and draw another. Keep drawing until you get a cloud shape that you're happy with, then cut it out. Pin this shape on to two pieces of fabric that are laid on top of each other, with the printed sides facing away from each other. Using a sewing machine (or sewing by hand), stitch around the paper cloud, making sure to leave a small section unstitched. Un-pin the paper pattern and cut around the stitching, about 1 cm out from the stitches. Stuff the pillow with wool filling, or bunches of fabric scraps, then hand stitch the open section closed. *Et voilà* – one cloud pillow for baby dreams complete.

## TUTO COUSSIN NUAGE

*Dessinez une forme de nuage sur une feuille de papier A4. Si elle ne vous plait pas, n'hésitez pas à la jeter et à en dessiner une autre. Continuez le processus jusqu'à ce que vous soyez vraiment satisfait(e) de la forme du nuage, puis coupez-la. Épinglez cette silhouette sur deux morceaux de tissu qui auront été préalablement mis l'un sur l'autre, avec les faces imprimées vers l'extérieur. En utilisant une machine à coudre (ou en cousant à la main), faites des points autour du nuage en papier, en vous assurant de laisser une petite section non cousue. Enlevez la silhouette en papier jusqu'à maintenant épinglée et coupez autour des coutures (à environ 1 cm de celles-ci). Fourrez le coussin avec de la laine de remplissage, ou des bouts de tissus, puis cousez à la main la section non cousue. Et voilà un coussin nuage pour faire rêver bébé.*

My American friend and fellow writer, photographer and blogger Tara, sent Laly a parcel of colourful fabric birds, a vintage bracelet, and this garland of sweet and simple **FABRIC FLAGS** – made by her friend Julie, who lives in Denmark. I'm going to let Laly use it when she is older and is ready to play house – she can decorate her makeshift tepee in the backyard (I'm thinking bamboo poles and a king-sized sheet). Or, if she wants to sell lemonade or mini cakes in front of our house, she can use it to brighten her market stall. Thank you, Tara.

*Mon amie américaine blogueuse, auteur et photographe Tara, a envoyé à Laly un colis rempli d'oiseaux en tissu de toutes les couleurs accompagnés d'un bracelet ancien et de cette* **GUIRLANDE***, fabriquée par son amie Julie qui vit au Danemark. Je laisserai Laly l'utiliser quand elle sera plus grande et prête à jouer à décorer : elle pourra par exemple orner son tipi improvisé (je pense à des tiges en bambou et un drap de grande taille). Ou si elle veut vendre de la limonade ou des mini gâteaux devant la maison, elle pourra utiliser la guirlande pour décorer son stand. Merci Tara.*

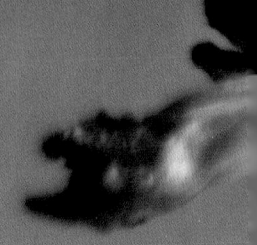

earth

*terre*

Dried flowers are something I can't help but play with these days. What is it about them that I find so inspiring? The colours of dried petals usually fade; however, with these freesias, the colours simply became richer in their decayed state. I just couldn't throw them out, so I twisted them into a crown of sorts, tying the stems together with thin jute string bows. Then, I hung the **DRIED FLOWER WREATH** on the wall in Laly's room. I think I'll add to it in time, with collected flora from the garden – an ever-evolving crown for a little queen of hearts.

*Ces temps-ci, je ne peux m'empêcher de jouer avec des fleurs séchées. Pourquoi m'inspirent-elles ? Les couleurs des pétales secs s'estompent la plupart du temps ; mais avec ces freesias, les couleurs deviennent plus riches alors qu'elles se décomposent. Comme je ne pouvais me résoudre à les jeter, je les ai transformées en une sorte de couronne, en attachant les tiges avec de la fine corde de jute. J'accrochai au mur de la chambre de Laly cette* **COURONNE DE FLEURS SÉCHÉES** *que je pense compléter au fur et à mesure que le temps passe, en y ajoutant des éléments de la flore de notre jardin : une couronne toujours en évolution pour une petite reine de cœur.*

this bag is lovingly handmade
from vintage & recycled linen
& contains beautiful French
lavender from the 2011
harvest in Provence, France

...please enjoy...

Melissa, who currently lives in Connecticut in the United States and is a friend of dear Kylie, makes the most wonderfully scented bags with lavender from Provence, in the south of France. Each bag is uniquely made with a selection of vintage fabrics and linen. Melissa generously sent this **FRENCH LAVENDER BAG** to commemorate the arrival of our first baby. It is perfectly soothing, for both me and Laly. I move it from room to room and, in the early days, when tranquillity and a quiet heart were what I sought the most, I kept the lavender bag near my nursing cushion on the sofa. I'd lean my head against the armrest when Laly finally settled, and take in the scent of sweet French lavender. A truly blissful gift for a new mum.

*Melissa, une amie de Kylie qui vit dans le Connecticut aux Etats-Unis confectionne de délicieux petits sachets contenant de la lavande de Provence. Chaque sachet est une pièce unique et son matériau pioché dans une sélection de tissus anciens et de lin. Elle nous envoya ce* **SACHET DE LAVANDE DE FRANCE** *pour célébrer l'arrivée de notre premier enfant. Il est calmant pour Laly mais aussi pour moi. Je le déplaçais dans la maison et dans les premiers temps, quand je recherchais un peu de tranquillité, je le gardais près de mon coussin d'allaitement sur le canapé. Quand Laly finissait par s'endormir, je me penchais pour respirer cette lavande de France. Un véritable cadeau d'apaisement pour une jeune maman.*

While I was pregnant, it was apparent I needed assistance 'relaxing', so I enlisted the help of creative birthing therapist Jacki McFarlane, whose card I found at the hospital birth centre. Jacki does a kind of 'hypno birthing', where she leads you through a series of techniques to help you prepare for the birth. Her voice is soothing and rhythmical, and she recorded our sessions so I could listen to them every day in the lead-up to the birth. Jacki became quite dear and wonderful to me – and during the birth I had her voice in my mind, guiding me through each excruciating step of the wildest ride of my life. Once Laly was born, Jacki came to meet her and she gave Laly these sweet **HEART-SHAPED ROCKS** accompanied by this touching note: "To sweet Laly, may love that is both strong and loyal as a rock, and love that is light and magical like butterfly wings protect and transform your journey ahead."

*Quand j'étais enceinte, j'avais de toute évidence grand besoin d'aide pour me « relaxer ». J'ai donc sollicité l'aide de Jacki McFarlane, une préparatrice "créative" à l'accouchement, dont j'avais trouvé la carte de visite à notre centre de naissance. Jacki pratique un type d'accouchement sous hypnose, qui consiste à apprendre une série de techniques pour se préparer à accoucher. Sa voix est apaisante et rythmique, et elle enregistra nos sessions pour que je puisse les réécouter quotidiennement jusqu'au jour de la naissance. Au cours de ce processus, Jacki me devint chère – et durant l'accouchement, je pouvais entendre sa voix dans mon esprit, me guidant à chaque étape de l'expérience la plus mémorable de ma vie. Jacki offrit à Laly pour sa naissance ces adorables* **GALETS EN FORME DE CŒUR.** *Voici le mot plein de tendresse qu'elle écrivit en accompagnement... « Douce Laly, qu'un amour fort et solide comme la roche, et léger et magique comme les ailes du papillon te protège et guide ton chemin à venir ».*

...ve that is strong and loyal
...a rock, and love that is
...ht and magical ... butterfly
...ngs ...fect and transform...
...ing ...already love...

When I was a little girl, we lived in a house in the Northern Beaches of Sydney, with a long and steep backyard that had large patches of thick clay. After rainy days I'd head up to a patch with my clay-making equipment (old wooden spoons, metal bowls and a wooden tray) to make various clay creations that I'd dreamt up while looking out the window, admiring the drooping wet fern fronds, and waiting for the rain to stop. On one of these particular occasions, I made a family of **CLAY ECHIDNAS**. I even signed my name on the bottom. I wonder if Laly will make similar creations when she grows up. Oh, I do hope to make some with her!

*Alors que j'étais encore une petite fille, nous vivions dans une maison située sur les plages du nord de Sydney (NDT: Northern Beaches, péninsule au nord de Sydney connue pour ses nombreuses plages). Nous avions un jardin long et pentu parsemé d'argile épais. Après la pluie, j'avais l'habitude d'aller dans le jardin avec mon équipement (vieille cuillères en bois, bols en métal et un plateau en bois) pour confectionner diverses créations en argile, créations que j'imaginais en admirant les fougères plier sous la pluie, et en attendant que la pluie ne s'arrête. Au cours de l'un de ces jours, je confectionnai une famille **D'ÉCHIDNÉS EN ARGILE**. Je les ai même signés sur le dessous. Je me demande si Laly aura le même appétit pour la création de petites créatures d'argile et j'espère que nous collaborerons !*

In my travel memoir, *My Heart Wanders*, I sketched butterflies and placed them throughout the book to symbolise the transformative and ephemeral nature of my journey. Zoë shares my love of these magnificent creatures, and included this exquisite **CHINA BUTTERFLY** — made by Perth crafters Jane and Rod, of Twiceloved China — in one of her beautiful bundles.

*Dans mon livre de voyage, My Heart Wanders, j'ai dessiné des papillons puis les ai placés à de nombreux endroits du livre pour symboliser la nature transformationnelle et éphémère de ma pérégrination. Zoë partage cette passion pour ces magnifiques créatures, et inclut dans l'un de ses colis ce **PAPILLON DE PORCELAINE**, fabriqué par des artisans de Perth, Jane et Rod, du studio Twice Loved.*

Kylie is an incredible friend; one of those people in life that I feel blessed to know. She dreams, she makes, she inspires and she loves with *all. her. heart.* She made this charming **CERAMIC NAME GARLAND** for Laly, and makes personalised garlands similar to this as part of her extensive collection.

*Kylie est une amie incroyable, et son amitié est pour moi un privilège. Elle rêve, elle fait, elle inspire et aime avec tout. son. coeur. Elle a confectionné cette* **GUIRLANDE EN CÉRAMIQUE** *pour Laly, et propose d'autres guirlandes de ce type dans sa gamme exhaustive de céramiques.*

150

Although I'd been in contact with Marjorie over the years via our blogs, I first met her in person at the end of 2010, in Beaune – a beautiful town in the east of France that she and her daughter's family now call home. Marjorie started a cooking school in her new home-town, right out of her apartment. She invites people from all over the world to come and learn wonderfully traditional French cooking techniques, and everyone is welcome to enjoy their makings in her apartment. As a special gift, Marjorie and her daughter, Kendall, had this **TINY BRACELET** stamped with Laly's birthday and name, and sent from America. It's the sweetest treasure, and it sits inside Laly's handmade music box, awaiting her special Valentine.

*Bien que j'ai été en contact avec Marjorie pendant des années via nos blogs respectifs, je ne l'ai rencontré en personne pour la première fois qu'en 2010, à Beaune – une ville magnifique se situant à l'est de France où elle s'est installée avec sa fille. Marjorie a lancé une école de cuisine, dans son appartement. Elle invite des gourmets du monde entier à venir se familiariser avec les techniques de cuisine française avant de goûter leurs propres créations. Marjorie et sa fille, Kendall, ont fait graver ce tout* **PETIT BRACELET** *avec le prénom et la date de naissance de Laly, et l'ont fait envoyer des Etats-Unis. Il s'agit du plus précieux des trésors, et repose dans la boîte à musique de Laly, en attendant son Valentin...*

This Space For Writing Messages

Dear Laly —

A little something sweet for your tiny Valentine

Bisous, Marjorie & Kendall

The Cook's Atelier

Sweet Kylie bought this for us when she was in Sydney. We were strolling around Surry Hills, and I decided to take her to a beautiful shop – Shelf Life – that sells eco-friendly crafted wares from around the world. Kylie picked up this **ROCKING HORSE** and said: "Your baby girl must have this!"

*Kylie nous a acheté ceci lors d'une de ses visites à Sydney. Nous nous promenions à Surry Hills, et je décidai de rendre une petite visite à un superbe magasin – Shelf Life – qui vend des produits respectueux de l'environnement, venant du monde entier. Kylie choisit donc ce* **CHEVAL À BASCULE** *en disant « ta petite fille se doit de l'avoir ! ».*

Laly chomps on anything she can get her hands on, including these Aboriginal rhythm sticks and **MUNCHKIN TEETHER**, made in Australia from untreated Cypress macrocarpa timber. They are all etched with a woodburning tool, to ensure no chemical residues. Laly taps them together to create music, and uses them as drumsticks. They make beautiful baby toys.

*Laly mord à peu près tout ce qui lui passe entre les mains, y compris ces bâtons rythmiques et* **DE DENTITION** *aborigènes, fabriqués en Australie dans du cyprès macrocarpa. Ils sont gravés en utilisant une technique de brûlage qui ne laisse pas de résidus chimiques. Laly les entrechoque pour faire de la musique et les utilise comme des baguettes. Ce sont de superbes jouets pour bébés.*

I found this beautiful wooden toy in one of Amsterdam's best-kept secrets. It's the warehouse of woodworker Rob Brilman, who has filled the lofty space with vintage treasures, including old boat parts, ropes, chairs, model ships, clocks and various unusual European bric-à-brac. I bought this **WOODEN ROCKING MAN ON HORSE** ornament in the hope that, one day, I might have a nursery to put it in. And there it sits now. When Laly wakes up from her day naps, I carry her around the room and she points out various things on the walls and on the shelves, and I take her to them and show her how they work. She loves how this one rocks back and forth when you push the man on his horse.

*J'ai trouvé ce magnifique jouet en bois dans l'un de mes endroits favoris (et tenus secrets) d'Amsterdam. Il s'agit de l'entrepôt de Rob Brilman, un menuisier, qui a accumulé dans son loft des trésors anciens comme des vieilles pièces de bateau, des cordes, des chaises, des maquettes de bateau, des horloges, bref, un bric-à-brac incroyable. J'ai acheté* **CE BIBELOT EN BOIS REPRÉSENTANT UN CAVALIER ET SON CHEVAL** *en espérant à l'époque qu'il ornerait une chambre d'enfant. Et c'est précisément où il se trouve maintenant. Quand Laly se réveille après ses siestes quotidiennes, je la promène dans sa chambre et elle pointe vers différents objets sur le mur et sur les étagères, et je lui montre comment chacun d'entre eux fonctionne. Elle adore celui-ci lorsqu'il se bascule après avoir poussé le petit bonhomme sur son cheval.*

a thousand stars shine within
our stone...

my heart is lost in a
distant patter.

# thread

*fil*

Lady

the Mexican dress

Jenni went to Mexico for a shoot when Laly was three months old, and returned with this gorgeous **HAND-EMBROIDERED MEXICAN DRESS** for my beautiful daughter.

*Jenni est allée au Mexique pour une séance photo quand Laly avait trois mois. Elle revint avec cette* **MAGNIFIQUE ROBE MEXICAINE BRODÉE À LA MAIN** *pour Laly.*

Lully's little Mexican dress

Another of Zoë's gifts was this incredible **CROSS-STITCHED NAME SAMPLER**, complete with Laly's middle names and date of birth in French, and motifs that represent her heritage – such as the windmill. It holds pride of place on Laly's mantelpiece.

*Un autre cadeau magnifique de Zoë, ce magnifique **ABÉCÉDAIRE**, où figurent les prénoms et nom de Laly, sa date de naissance en français et des motifs évoquant ses origines comme un moulin à vent par exemple. Il occupe une place de choix au dessus de la cheminée dans la chambre de Laly.*

Along with the hand-knitted cardigan and tiny slippers, Leslie sent this **TESSELSCHADE SIGN** – *Sssst ... Baby Slaapt* – also made by the store's talented craftswomen. It hangs on Laly's door, signifying one of her heritage languages.

*Accompagnant le gilet tricoté et les minuscules chaussons, Leslie envoya* **CE PANNEAU** *trouvé chez Tesselschade : Sssst... Baby Slaapt fabriqués par les artisanes du magasin. Il est accroché à la porte de Laly, et rappelle que Laly a des origines néerlandaises.*

After I made the bird mobile, I had a pile of fabric scraps left over. The colourway was interesting, so I decided to make a **LOOSE THREADS GARLAND**. I took a piece of ribbon, pinned the fabric strips loosely to it, and then ran a long stitch along the ribbon to secure the strips. This has become one of my favourite creations for the nursery.

*Après avoir confectionné le mobile d'oiseaux, il me restait une pile de tissus. Les couleurs étaient intéressantes donc j'ai décidé de faire une **GUIRLANDE**. Je pris un morceau de ruban, épinglai les bandes de tissus de façon approximative puis cousis un long point le long du ruban pour solidifier le tout. Cette guirlande est l'une de mes créations favorites pour la chambre de bébé.*

Inside the package that Mady sent from Brisbane, with the handmade hearts and garments, were lots of extra things – including this **CROSS-STITCH NECKLACE** piece, with a note from Mady that said "Yours to keep". It's now Laly's – something special for her when she gets older. And when Laly asks where it came from, I can tell her all about Mady, and Mady's homeland of Holland. It's one of the best things about having handmade treasures – sharing the stories of the people who so lovingly made them.

*Dans le colis que Mady nous a envoyé de Brisbane, avec les cœurs faits main et les vêtements, se trouvaient beaucoup d'autres choses – y compris ce* **COLLIER AU POINT DE CROIX**, *avec un message de Mady disant « pour toi ». Il appartient maintenant à Laly, un petit quelque chose de spécial pour quand elle grandira. Et quand elle demandera d'où il vient, je pourrai lui parler de Mady, et de la patrie de Mady, les Pays-Bas. C'est à mon avis l'un des plus grands avantages liés aux objets faits à la main : partager les histoires de ceux qui les ont confectionnés avec tant de ferveur.*

Stefanie and Natalie live in Lismore. I met Stef in her store, Newspaper Taxi, in Sydney's Newtown a couple of years ago. She hosted one of the most delightful book events I've had, and that is when I met her long-time friend Nat (who made the paper-pattern flower in her get-well gift pack of handmade goodies while I was pregnant). Since that night, we've all stayed in touch – and although I was sad when Stef closed her store to make the country change to Lismore, I'm delighted that these two gorgeous souls are still playing together. I know they are making all sorts of creative magic! Along with specially handmade cards, Stef and Nat sent Laly this **VINTAGE SILK SMOCK** with embroidered detailing. I wish I had a dress just like it.

*Stefanie et Natalie vivent à Lismore (NDT: ville du nord de la Nouvelle Galles du Sud). J'avais rencontré Stef il y a deux ans dans son magasin, Newspaper Taxi, situé dans le quartier de Newtown à Sydney. Elle y accueillait l'un des évènements organisés à l'occasion du lancement de l'un de mes livres, et c'est là-bas que je rencontrai son amie de longue date, Natalie, qui confectionna la création florale en papier accompagnant un colis pour me souhaiter un prompt rétablissement alors que j'étais enceinte. Depuis cet évènement, nous sommes restées en contact, et bien que je fusse triste quand Stef ferma son magasin pour aller se mettre au vert à Lismore, je suis ravie de voir que ces deux belles personnes continuent à s'amuser ensemble. Je sais qu'elles produisent toutes sortes de créations magiques ! Accompagnée de cartes faites à la main, Stef et Nat ont envoyé à Laly cette **BLOUSE ANCIENNE EN SOIE** avec des détails brodés. J'aimerais avoir une robe faite dans le même tissu.*

In the months leading up to Laly's arrival, my mum put together a bag of tissue-wrapped handmade clothes, crocheted wraps and knitted cardigans of mine that she kept all these years. They are all different sizes, so that Laly can wear them as she grows. This **CROCHETED DRESS** was one Mum made before I was born, using a pattern from a magazine at the time (circa 1978). Laly wore it when she was two months old along with a white sleeveless bodysuit and, if the weather was a bit nippy, her red striped pants. *Adorable.*

*Dans les mois précédant la venue de Laly, Maman mit de côté un sac rempli de vêtements faits main, de couvertures au crochet et de gilets tricotés m'appartenant, soigneusement emballés dans du papier de soie, qu'elle avait mis de côté pendant toutes ces années. Ils sont de tailles différentes et Laly peut les porter en grandissant. Cette* **ROBE AU CROCHET** *fut confectionnée par Maman avant ma naissance, le patron provenant d'un magazine d'époque (autour de 1978). Laly la portait quand elle avait deux mois, avec un body sans manche et, si le temps était un peu frais, son pantalon à rayures rouges et blanches.* Adorable.

In the same bag from Mum came a selection of cream **CROCHET WRAPS** and shawls that were made by her and some of her friends when I was little. I used them for extra warmth over Laly's cot blanket when she was only tiny and couldn't move her arms around much.

I cherish having things from my childhood for Laly; it's a lovely feeling to know I was once wrapped in the same piece – it creates a sense of continuity, of life forever …

*Dans ce même sac se trouvaient une sélection de* **CHÂLES EN CROCHET** *que ma maman et certaines de ses amies avait confectionnés quand j'étais petite. Ce sont de très belles pièces qui me sont chères. Je les plaçais en supplément d'une couverture pour m'assurer que Laly avait bien chaud quand elle était toute petite et ne pouvait pas encore beaucoup bouger ses bras.*

*J'adore pouvoir utiliser avec Laly des objets ou des habits de mon enfance ; il m'est agréable de penser que je fus enveloppée par le même vêtement – cela créé une continuité, une idée de vie éternelle.*

THINKING OF YOU

X

# source

*origine des objets*

Page 74
*Emma Cassi Card \ Une Carte*
Emma Cassi: emmacassi.com

Page 77
*Floral Paper Creation \ Création Florale en Papier*
Natalie Wilkin: bushlorebynw.com

Page 78
*Yvette's Signature Handwriting \ Écriture à la main d'Yvette*
Yvette van Boven: yvettevanboven.com

Page 80
*Silk-Screened Wrapping Paper \ Papier Sérigraphié*
Follow: follow-store.myshopify.com
Laikonik: laikonik.com.au/collections

cloth ~ *étoffe*

Page 87
*Kimono Slippers \ Chaussons Kimono*
Art Loves Lula: etsy.com/people/artloveslula

Page 90
*Organic Cotton Sheep \ Mouton en Coton Biologique*
Periwinkle Bloom: periwinklebloom.com

Page 94
*Gaspard*
Les malices d'Alice: lesmalicesdalice.canalblog.com

Page 99
*Handmade Hearts \ Cœurs Faits Main*
Mady Dooijes: anabundanceof.blogspot.com.au

Page 100 & 103
*Pia's Whale \ la Baleine de Pia*
Hagar Vardimon-van Heummen: happy-red-fish.com

Page 107
*Little Bear \ Petit Ours*
Hyunjoo Cho: etsy.com/people/BagyBag

Page 111
*Bird Mobile \ Mobile d'oiseaux*
Spool: spoolsewing.com/blog

Page 112 & 114
*Tote, Nappy Changing Wallet and Wrap-Around Bib \ Fourre-tout, sac à Langer et Bavette*
Alexia Hollinger: alexiahollinger.com

Page 121
*Kootoyoo Music Box \ Boîte à Musique "Kootoyoo"*
Kirsty Macafee: kootoyoo.com

**NOTE**: While every effort has been made to credit the artisans and craftmakers mentioned in this book, we encourage readers to get in touch with us if they believe something has not been properly credited. All web links were correct at time of printing.

**NOTE**: *Bien que nous ayons porté une attention toute particulière à remercier les artisans et âmes créatives figurant dans cet ouvrage, nous encourageons le lecteur à nous contacter pour tout oubli dans les crédits. Tous les liens web sont corrects au moment de l'impression.*

# thank you

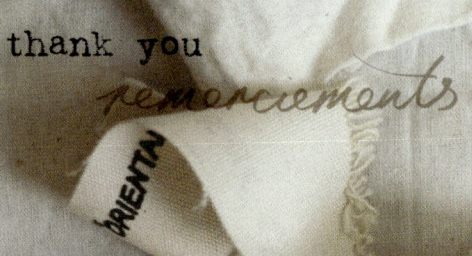

*remerciements*

ORIENTIN

There are a number of incredibly talented people I'd like to thank for turning this book from a dream to reality ...

Vivien Valk, Amanda Cromer, Sharon Smith and Fiona McBride at Printgraphics, Paul Aikman at Graphic Print Group, Cécile Galy, Stéphane Bigeard, Lise Vorgy, Bridget Maidment, Katie Minchinton and Sarah Darmody.

Kylie Johnson, Jamie Mackenzie, Zoë Yule, Jen Pringle and my wonderful assistant Julia Gordon.

Frances Haysey, whose commitment and ceaseless enthusiasm lifts and encourages me every day. Fran is the one who brought this project to life. She is the rarest of jewels and every day I am thankful to have her in my life.

Romain, my love, for translating the entire manuscript regardless of everything else on his plate. His unconditional support blows my mind ... I have no words left to show my appreciation for all that he does, all I have is a heart that bursts with love.

And my darling Laly who inspires me, strengthens me, and teaches me so much about life and love. *Je t'aime mon petit ange, avec tout. mon. cœur.*

198

thank you

thank you

Je souhaite remercier les personnes suivantes, dont le talent m'a permis de transformer le rêve de ce livre en réalité : Vivien Valk, Amanda Cromer, Sharon Smith et Fiona McBride de Printgraphics, Paul Aikman du Graphic Print Group, Cécile Galy, Stéphane Bigeard, Lise Vorgy, Bridget Maidment, Katie Minchinton et Sarah Darmody. Kylie Johnson, Jamie MacKenzie, Zoë Yule, Jen Pringle ainsi que Julia Gordon, ma formidable assistante.

Frances Haysey, dont l'abnégation et l'enthousiasme sans limite me portent au quotidien. Grâce à son concours, ce projet a vu le jour. C'est une perle rare et pas un jour ne passe sans que je me dise que j'ai beaucoup de chance de l'avoir dans ma vie.

Romain, mon amour, pour avoir traduit le manuscrit en dépit de ses nombreuses autres activités. Son soutien inconditionnel est absolument inouï... Il ne me reste plus de mot pour exprimer combien j'apprécie tout ce qu'il fait, je ne peux que lui offrir ce cœur empli d'amour qu'est le mien.

Et ma Laly chérie qui m'inspire, me rend plus forte et m'apprend tant sur la vie et l'amour. Je t'aime mon petit ange, avec tout. mon. cœur.